BEI GRIN MACHT SICH IHR
WISSEN BEZAHLT

- Wir veröffentlichen Ihre Hausarbeit,
  Bachelor- und Masterarbeit

- Ihr eigenes eBook und Buch -
  weltweit in allen wichtigen Shops

- Verdienen Sie an jedem Verkauf

Jetzt bei www.GRIN.com hochladen
und kostenlos publizieren

Bibliografische Information der Deutschen Nationalbibliothek:

Die Deutsche Bibliothek verzeichnet diese Publikation in der Deutschen National-bibliografie; detaillierte bibliografische Daten sind im Internet über http://dnb.d-nb.de/ abrufbar.

Impressum:

Copyright © 2011 GRIN Verlag, Open Publishing GmbH
Druck und Bindung: Books on Demand GmbH, Norderstedt Germany
ISBN: 9783668320703

Dieses Buch bei GRIN:

http://www.grin.com/de/e-book/168901/globale-armut-inwiefern-veraendern-sich-die-weltweiten-armutsverhaeltnisse

Sajid Din

Globale Armut. Inwiefern verändern sich die weltweiten Armutsverhältnisse durch die Globalisierung?

GRIN Verlag

GRIN - Your knowledge has value

Der GRIN Verlag publiziert seit 1998 wissenschaftliche Arbeiten von Studenten, Hochschullehrern und anderen Akademikern als eBook und gedrucktes Buch. Die Verlagswebsite www.grin.com ist die ideale Plattform zur Veröffentlichung von Hausarbeiten, Abschlussarbeiten, wissenschaftlichen Aufsätzen, Dissertationen und Fachbüchern.

Besuchen Sie uns im Internet:

http://www.grin.com/

http://www.facebook.com/grincom

http://www.twitter.com/grin_com

Inhaltsverzeichnis

1. Einleitung 2

    1.1 Definition Globalisierung 3

    1.2 Definition Armut... 3

2. Historischer Verlauf der Entwicklungsländer 1981-2005 4

    2.1 Daten verschiedener Regionen anhand 1,25 US-Dollar Index 5

    2.2 Daten verschiedener Regionen anhand 2 US-Dollar Index 6

3. Zwangsarbeit für Kinder ohne Zukunft.. 8

    3.1 Arbeitsbereiche für Kinder 8

    3.2 die Arbeiterkinder Indiens, ein kurzer Einblick.. 9

4. Hat die Globalisierung einen Einfluss auf die Globale Armut.................................... 10

    4.1 Ausbeutungsverhältnisse Seitens der westlichen Industriestaaten 11

    4.2 Ausbeutung von westlichen Unternehmen, im Sinne der Produktion 12

    4.3 vergleich Statistik 1 vs. Statistik 2 14

5. Fazit 15

Quellenverzeichnis 17

Anhang 18

1. Einleitung

In dieser Wissenschaftlichen Arbeit geht es in erster Linie darum, ob die Globalisierung einen Einfluss auf die weltweiten Armutsverhältnisse hat. Am Anfang dieser Arbeit ist überhaupt erst mal zu klären, was Globalisierung heißt und wie mit dem Begriff der Armut umzugehen ist. Dazu gibt es im ersten Teil eine ausführliche Erläuterung, um dann die nachfolgenden Bereiche nachvollziehen zu können. Im zweiten Teil, werden unteranderem Untersuchungen vorgenommen, wie sich die Globalen Armutsverhältnisse der Entwicklungsländer in den letzten 30 Jahren Verändern haben. Dieser Bereich gibt uns einen genaueren Überblick und einen direkten Vergleich zwischen verschiedenen Entwicklungsländern. Die Armutsverhältnisse werden diesbezüglich anhand einer 1,25 US-Dollar und einer 2 US-Dollar Grenze ermittelt und die Ergebnisse dafür, werden anschließend vorgestellt (Kapitel 2.1/2.2). Das für manch einen kaum zu ertragen ist, sind Kinder, die in solchen Armutsverhältnissen aufwachsen, ohne Hoffnung auf eine Zukunft und geboren werden um zu überleben. Dieser Bereich, gewährt uns einen kleinen Einblick über das Leben der Kinder in einem Entwicklungsland, begleitet von Kinderarbeit, Gewalt und Hunger. Hierbei werden die Regionen angesprochen, die in die Kategorie Kinderarbeit fallen.

Demensprechend sind die Bereiche der Kinderarbeit von großer Bedeutung wie auch die Lebensbedingungen und deren Möglichkeiten (Kapitel 3).

Im vierten Kapitel wird untersucht, ob durch die Globalisierung, ein Ausbeutungs-verhältnis seitens der Westlichen Industriestaaten entsteht und inwiefern die Entwicklungsländer davon profitieren. Bevor man sich aber dieser Frage widmet, wird in erster Linie zu klären sein, ob die Globalisierung einen Einfluss auf die Entwicklungsländer hat, inwiefern und in welchem Ausmaß (Kapitel 4). Daraufhin wird man erst in der Lage sein, diesbezüglich auf die Frage einzugehen, ob seitens der westlichen Industriestaaten ein Ausbeutungsverhältnis entsteht und wie? wenn soweit zutreffend, die Entwicklungsländer davon profitieren. Dazu werde ich eine Gegenüberstellung von zwei Statistiken vorstellen, in der auf der einen Seite die Importausgaben aus Entwicklungsländern stehen und auf der anderen Seite stehen die Ausgaben für die Entwicklungshilfen.

Es ist Tatsache, dass die Entwicklungsländer, auf Finanzielle Hilfen aus dem Ausland angewiesen sind, ohne diese Hilfen wird es vielleicht in diesem Bereich keinen Fortschritt beziehungsweise, keine Besserung geben.

Unteranderem wird der letzte Teil, die Ergebnisse dieser Wissenschaftlichen Arbeit vorstellen und diesbezüglich zu der Hauptthese Stellung beziehen. Ziel ist es dem Leser eine Arbeit vorzustellen, die auf einer Seite nachvollziehbar und klar zu verstehen ist und auf der anderen Seite wird diese Arbeit versuchen, den hohen Informationsgehalt in besterweise zu vermittelt.

1.1 Definition Globalisierung

Unter der Globalisierung versteht man, dass die Welt immer mehr zusammenrückt. Das heißt, dass sich auch durch den Technischen Fortschritt, sich Staaten, Ökonomien, Kulturen und Individuen stärker miteinander verflechten und in wechselartige Abhängigkeit geraten können. Dieses bedeutet ebenso, dass sich dadurch auch ihre gegenseitigen Differenzen bewusst werden (Modernisierungstheorie, Nina Degle & Christian Dries 2005, S.183 Absatz 1).

1.2 Definition Armut

Die Armut zu definieren ist in keiner Hinsicht leicht zu gestalten, um die Globale Armut zu messen, wurde von der Weltbank im Jahre 1985 zwei Arten der Armutsgrenze vorgegeben. Erstens, die extreme Armut und zweitens die einfache Armut. Um die Armut und die extreme Armut einem Maßstab anzupassen, hat man sich auf eine 1 Dollar Grenze geeinigt. Diese Bedeutet wiederum, dass Menschen die weniger als 1 Dollar pro Tag verdienen, zur Kategorie der extrem armen angehören und auf der anderen Seite sind Menschen die sozusagen über 1 Dollar liegen, normal Arm. Dieses Schema betrifft nur Menschen, die einem Entwicklungsland angehören. Übrigens wurde im Jahre 2000 eine Millenniums-Entwicklungserklärung von den Vereinten Nationen unterschrieben, in der versichert wird, die Globale Armut bis zum Jahr 2015, zu halbieren. Änderungen bezüglich der 1. Dollar Armutsgrenze gab es im Jahr 2008, wobei man beschloss, die 1. Dollar Armutsgrenze auf 1.25 Dollar aufzustocken (Kfw Entwicklungsbank, Globale Armut, Dr. Philipp Lepenies).

Dr. Philipp Lepenies sagte, da es um die Methodik, zur Erfassung der weltweiten Armut geht, spielt es keine Rolle ob die Armutslinie bei 1. Dollar oder bei 1.25 Dollar liegt (Kfw Entwicklungsbank, Globale Armut, Dr. Philipp Lepenies).

2. Historischer Verlauf der Entwicklungsländer 1981-2005

Zu den Entwicklungsländern gehört Afrika, in dem 45 (Länder oder Gebiete) von Armut betroffen sind. Weiter zählt auch Südostasien dazu, mit 8 betroffenen (Ländern oder Gebiete), wie zum Beispiel Pakistan, Afghanistan und Nepal (UNDP, Statistischer Anhang S.263, deutsche Ausgabe 2010).

Lateinamerika ist der nächste Bereich und zählt mit 32 (Ländern oder Gebiete) wie zum Beispiel Mexico, Kolumbien und Argentinien zu den Entwicklungsländern (UNDP, Statistischer Anhang S.263, deutsche Ausgabe 2010).

Zu den am wenigsten Entwickelten Ländern, ist der Anteil der Afrikanische Länder am höchsten wobei es sich insgesamt um 23 Länder handelt. Ausnahmen in dieser Kategorie sind Länder wie Afghanistan und Haiti (UNDP, Statistischer Anhang S.263, deutsche Ausgabe 2010).

Zunächst wird man sich in diesem Bereich, auf den Verlauf der Entwicklungsländer von 1981 bis 2005 fixieren. Der Verlauf beinhaltet, die tatsächlichen Armutsverhältnisse in Bezug auf Einkommen, Wachstum und Ungleichheit. Die Regionen Afrika, Südostasien und Pazifik zählen in erster Linie zu den Hauptarmutsregionen dieser Untersuchung.

Aus dem gesamten Verlauf von 1981 bis 2005 verringerte sich die Zahl der Menschen, die in Haushalten mit einem Einkommen von unter 1,25 US-Dollar pro Tag und pro Kopf leben, um mehr als eine halbe Milliarde auf 1,37 Milliarden Menschen. In Prozent betrachtet, gibt es diesbezüglich einen Rückgang von 27,7 Prozent (The World Bank,

World Development Indicators 2008). Um es Anhand des Bruttoinlandsprodukt (BIP) ein wenig überschaubarer darzustellen, hatte gesamt Europa im Jahr 2007, ein BIP von 30,9 Prozent wobei das BIP gesamt Afrikas im gleichen Jahr, es nur auf 2,3 Prozent brachte. Süd und Mittelamerika schafften es gerademal auf 4,4 beziehungsweise auf 2,1 Prozent. Asien dagegen brachte 2007 ein BIP von 13 Prozent wobei dieser Wert ohne Japan und Südkorea erhoben wurde denn diese zwei Länder brachten alleine einen BIP Wert von 9,8 Prozent (The World Bank, World Development Indicators 2008).

Wenn man aber die Armutsgrenze, von 1,25 US-Dollar pro Tag und Pro Kopf auf 2 Dollar anhebt, gibt es global gesehen eine wesentliche Verschlechterung. So sind in diesem Fall bei einer Armutsgrenze von 2 US-Dollar im Jahr 1980, 2,5 Milliarden Menschen von Armut betroffen und schon im Jahr 1990 ist die Anzahl der Globalarmen auf 2,9 Milliarden gestiegen. In den Nachfolgenden Jahren gab es diesbezüglich einen Rückgang jedoch sind die Armutszahlen der Welt im Jahre 2005 mit 2,56 Milliarden Menschen, fast auf dem gleichen Nenner wie anfangs der Achtziger Jahre (The World 2008 Bank, World Development Indicators).

2.1 Daten verschiedener Regionen anhand 1,25 US-Dollar Index

Als nächstes werden vorrangig, verschiedene Regionen, die unter die Armutsgrenze von 1,25US-Dollar pro Kopf und pro Tag fallen untersucht. Nach diesem werden die gleichen Regionen anhand der Armutsgrenze von 2US-Dollar pro Tag und pro Kopf, im danach folgenden Teil vorgestellt.

Die Anzahl der Extremarmen, die unter der Armutsgrenze von 1,25 US-Dollar pro Kopf und pro Tag liegen, haben sich diesbezüglich in verschiedenen Regionen unterschiedlich Entwickelt. In den Regionen von Ostasien und Pazifik reduzierte sich die Extremarmut von 1,07 Milliarden Menschen auf 360 Millionen, im oben genannten Zeitraum von 1980 bis 2005. Gewinner dieser Rubrik ist China. Wie durch den Technischen und Wirtschaftlichen Fortschritt, hat es diese Region vollbracht, für eine Reduzierung von rund 627 Millionen Extremarmen (1981-2005) zu sorgen (The World

Bank, World Development Indicators 2008). Das ist ein Minus von rund 75,1 Prozent. Das Beispiel Indien, das dem Gebiet Südasien angehört zeigt, dass die Anzahl der Extremarmen im Zeitraum (1981-2005) um 8,8 Prozent und mit einer Anzahl von 48 Millionen Menschen gestiegen. Auf der anderen Seite gehört Indien zu den Entwicklungsländern die in den letzen Jahren an Wirtschaftlichen, ökonomischen und Technischen Fortschritt, zu den Gewinnern auf der Globalen Ebene zählen, wie auch ihr Nachbar China. Nur im Gegensatz zu China scheint es Indien noch nicht geschafft zu haben, trotz einem Fortschritts, eine gewisse Abschaffung der Extremarmut im eigenen Land hervorzurufen. Schlusslicht ist Afrika mit eigeschlossen, des subsaharischen Raumes, das in diesem Zeitraum (1981-2005) ein Wachstum an Extremer Armut mit rund 176 Millionen Menschen und somit ein Plus von 83 Prozent anzeigt (The World 2008 Bank, World Development Indicators).

2.2 Daten verschiedener Regionen anhand 2 US-Dollar Index

In diesem Bereich wird man sich mit den gleichen Regionen und dem gleichen Zeitraum (1981-2005) auseinandersetzten. Man wird hier die Armutsverhältnisse anhand der Armutsgrenze von 2 US-Dollar messen. Das heißt, Menschen die Weniger als 2US-Dollar pro Kopf und Pro Tag verdienen. Wenn man Anhand dieses Indexes die Armutsverhältnisse vergleicht, so gehören Ostasien und der Pazifik zu den einzigen Regionen, die einen Rückgang von gesamt 549 Millionen Menschen zu verzeichnen haben. Dabei ist hervorzuheben, dass allein vom gesamten Rückgang von 549 Millionen, China den größten Anteil von 491 Millionen Menschen trägt (1981-2005) (The World 2008 Bank, World Development Indicators).

Südasien zeigt anhand dieses Indexes, dass die Anzahl der Armen auf 293 Millionen steig. Ein Anstieg von 36,7 Prozent. Im subsaharischen Afrika, das noch immer das Schlusslicht der Globalen Armut ist, steigt bei diesem Index die Anzahl der Armen auf 262 Millionen mit einem Zuwachs von 89,1% (The World 2008 Bank, World Development Indicators). Durch diesen Indexvergleich kann man sagen, dass nur das Gebiet von Ostasien und dem Pazifik bei einer Armutsgrenze von 1,25 US Dollar und 2 US-Dollar, einen positiven Verlauf vorzeigen konnten. Die Aufstockung der Messlatte auf 2US-Dollar zeigte uns, dass sich die Armutsverhältnisse in den übrigen vorgestellten Gebieten, deutlich Verschlechtern.

Im Südasiatischen und im subsaharischen Afrika Lebte 2005 dreiviertel der Bevölkerung in Armut. Im subsaharischen Afrika lebte sogar jeder zweite in extremer Armut und im südasiatischen Raum betrug die Extremarmut, einen Anteil von 40 Prozent der Gesamtbevölkerung (The World 2008 Bank, World Development Indicators). Jährlich sterben Weltweit 5 Millionen Kinder, vor Vollendung ihres fünften Lebensjahres, durch die Folgen von Hunger und Unterernährung (The World 2008 Bank, World Development Indicators).

Außerdem gab es 2009, 1,02 Milliarden Menschen die an Unterernährung litten. Dies ist die Größte Anzahl der Hungernden seit 1970 (The World 2008 Bank, World Development Indicators).

Anhand einer angefertigten Tabelle, werden diese Ergebnisse für diesen Bereich zur Verfügung gestellt. Diesbezüglich, befinden sich zwei Original Tabellen, im Anhang dieser Arbeit, die einen Verlauf des Preisindex von 1,25 Dollar und 2 Dollar (1981-2005) vorzeigen, die aber nicht mit den Daten dieser Tabelle verglichen werden können.

Gebiete (1)	1,25USDollar		2US-Dollar	
	(2)Index	%	(3)Index	%
Ostasien/Pazifik	Von 1,7 Mrd. auf 360 Mio.	-75,1%	-549 Mio.	keine Angabe
Südasien	+ 48 Mio.	+8,8 %	+293 Mio.	36,7%
Subsahara/Afrika	+176 Mio.	+83%	+262 Mio.	89,1%
Globale Armut gesamt	1,37 Mrd.	-27,7%	von 2,9 Mrd. auf 2,56 Mrd.	keine Angabe

Zeitraum (von 1981 auf 2005) / (-) = Abnahme Armut / (+)=Zunahme Armut
(1)Gebiete = Ostasien/Pazifik, Südasien, Subsahara/Afrika, Globale Armut gesamt.
(2) 1,25 US-Dollar Index= Personen in Hauhalten mit einem Einkommen von unter 1,25 US-Dollar pro Kopf und Pro Tag
(3) 2 US-Dollar Index= Personen in Haushalten mit einem Einkommen von unter 2 US-Dollar pro Kopf und pro Tag

3. Zwangsarbeit für Kinder ohne Zukunft

Spezialisieren wird man sich in diesem Bereich auf Kinder, die in den ärmsten Regionen dieser Welt Leben und aufwachsen. Auch wenn Kinder im Allgemeinen, in den westlichen Regionen von Armut betroffen sind, wird man diese Armut kaum mit der Armut der Kinder in Entwicklungsländern vergleichen können. In erster Linie haben Kinder in den ärmsten Regionen unsere Welt kaum eine Möglichkeit auf eine hoffnungsvolle Zukunft, weil diese meist im frühesten alter ihre Kindheit, die Familie mitversorgen müssen, um durchzustehen.

Viele Kinder müssen auf die Schulbildung verzichten weil die Familie ohne deren Hilfe kaum eine Überlebensmöglichkeit hat. Auf der anderen Seite, dienen Kinder als eine Art Altersversicherung in dem sie später, da ihre Eltern in einem gewissen Alter nicht mehr arbeiten können, die Aufgabe bekommen, sich um deren Wohlergehen zu kümmern. Diese Kinder und auch deren Eltern haben eine schwere Bürde zu tragen, umgeben von Armut, Hunger und dem täglichen Kampf ums überleben. Andere Kinder hingegen, dienen als Kindersoldaten oder geraten in die Hände von Menschenhändlern, in dem sie versklavt, zur Kinderarbeit oder zur Prostitution gezwungen werden. Auf der Globalen ebene gibt es sicherlich viele Institutionen die gegen solche Verbrechen an Kindern vorgehen, doch man sollte sich bewusst werden, dass wir bei jedem Atemzug den wir machen, Kinder in solchen Verhältnissen aufwachsen, sterben oder auf der anderen Seite, dieses durchleben müssen, ohne überhaupt eine Wahl gehabt zu haben. Falls diese Kinder überleben, bleibt ihnen nur der Seelische Schmerz und die gesundheitlichen Folgen dessen, was ihnen angetan wurde.

3.1 Arbeitsbereiche für Kinder

Die Textilindustrie in Bangladesch, die Teppichfabrik in Nepal, Kinder in Mexico die auf der Straße für einen geringen Lohn Kaugummis verkaufen, auf den Philippinen bringen Subunternehmer Textilien ins Haus, die dann von Kinder weiterverarbeitet werden (keine Zeit zum Spielen, IAO).

In Bergwerken und Steinbrüchen, in der Landwirtschaft, auf Baustellen, in der Sexindustrie, arbeiten diese Kinder. In allen Teilen der Welt, sind Kinder ein fester Bestandteil von Produktionsprozessen (keine Zeit zum Spielen, IAO, S-8). Dies ist leider die Welt der Kinder, ohne Zukunft.

Genauere Statistiken über solche Verhältnisse sie kaum möglich zu erstellen und nur grob schätzbar. Genauso wenig gibt es genauere empirische Forschungen in diesem Bereich in denen man vielleicht die Auswirkungen der Globalisierung auf die Kinderarbeit anwenden könnte (keine Zeit zum Spielen, IAO, S-8).

Wie gesagt, dass Ausmaß an Kinderarbeit ist nicht genau abschätzbar weil diese Arbeit oft im Verborgenen stattfindet. Die Internationale Arbeitsorganisation (IAO) schätz die Zahl der 10-15 jährigen Kinder, Weltweit auf ca. 200 Millionen, wobei es sich hier nur um eine Schätzung handelt (keine Zeit zum Spielen, IAO, S-8).

Wen man bedenkt, dass die unter 10 Jährigen in dieser Schätzung nicht mit eingebunden werden, würde die Anzahl der Weltweit beschäftigten Kinder, erschreckend ausfallen (keine Zeit zum Spielen, IAO, S-8).

3.2 die Arbeiterkinder Indiens, ein kurzer Einblick

In dem Bereich der Teppichfabrik bekommen Kinder, falls sie sich schneiden, von den Fabrikbesitzern Schwefel, den sie vom streichholzkopf abkratzen in die Wunde gestreut und diese Substanz wird anschließend angezündet, um dadurch die Blutung zu stoppen (keine Zeit zum Spielen, IAO, S-15, Indien).

Blutige Finger werden nicht aus medizinischen Gründen ausgebrannt, sondern um zu verhindern, das Blut auf die Teppiche Tropft (keine Zeit zum Spielen, IAO, S-15, Indien).

Es kommt häufiger vor das gesamte Familien und deren Kleinkinder in solchen Fabriken arbeiten. Die Löhne dieser Kinder sind unter dem, was Erwachsene verdienen und trotz diesem kommt es sehr häufig vor, dass Kinder gar nicht entlohnt werden. Das heißt auch, dass viele Elternteile Verschuldet sind. Um überhaupt leben zu können, arbeitet ein großer Teil der Kinder nur, um die Schulden der Familie abzuarbeiten, und dass wiederum bedeutet, dass der Schuldenberg von Tag zu Tag durch die hohe Verzinsung, weiter anwächst. Daraus entsteht ein Kreislauf, dem fast keiner entfliehen kann (keine Zeit zum Spielen, IAO, Indien). Ein Bildungsweg in diesem Bereich ist aufgrund solcher Verhältnisse bei allen Kindern, aus finanziellen Gründen, kaum möglich zu erreichen. Auf Internationaler ebene werden für alle Ländern, Sanktionen gegen diese Kinderarbeit angeordnet, doch die meisten Länder nehmen dieses gar nicht zur Kenntnis. Eine Durchsetzung seitens der Betroffenen Länder gibt es nur auf Papier und wird kaum in einer Art und Weise eingehalten, geschweige denn in die Praxis umgesetzt (keine Zeit zum Spielen, IAO, Indien).

Die Tägliche Arbeitszeit beträgt in der Textilfabrik ca. 10–13 Stunden. Da Kinder im Alter von 5 und aufwärts dort beschäftigt werden, leiden die Kinder an Wachstumsstörungen, Schwächeanfällen und Unterernährung. Gewaltsame Übergriffe auf Kinder dienen als Einschüchterungseffekt oder für gewisse Fehler, beim erstellen eines Produktes.

Auch kommt es vor, dass der ganze Tageslohn von 6-7 Rupien (Währung) der für unsere Verhältnisse 3-5 Cent ausmacht, nicht ausbezahlt wird (keine Zeit zum Spielen, IAO, S-15, Indien).

Der Hilferuf dieser Kinder ist ein einziger Schrei ins leere, doch der Weltweite Schrei nach Kapital und Konsumgut übertönt wesentlich den Hilferuf seitens der Kinder, ohne Zukunft.

4. Hat die Globalisierung einen Einfluss auf die Globale Armut

In erster Linie wird sich die Globalisierung nicht aufhalten lassen, es ist ein Prozess der immer vorangetrieben wird. Ziel der Globalisierung ist auf einer Seite die Weltweite Ungleichheit einzudämmen und auf der anderen Seite ist im (Hausarbeit, Kapitel 2) zu erkennen, welche Bereiche durch die Globalisierung profitieren und einige, wo nicht mal ansatzweise, von einem erfolgreichen Globalisierungseffekt, reden können. Es sind die Großräumigen Gebiete wie Asien mit den Einzelländern wie China oder Indien die von einer Globalisierung Profitieren. Bezogen auf die Globale Armut hat es in den letzen Jahrzenten nur China erfolgreich geschafft die Armut im eigenen Land erfolgreich zu bekämpfen (Hausarbeit, Kapitel 2).

Allgemein betrachtet hat die Globalisierung in Bezug auf die Globale Armut der Entwicklungsländer, kaum positiven Einfluss genommen. In Afrika hingegen, hat sich die Lage, wesentlich zu den Vorjahrzenten verschlechtert (Hausarbeit, Kapitel 2).

Obwohl die Globale Armut insgesamt abgenommen hat, zeigen die Gebiete von Südasien und dem subsaharischen Afrika, einen deutlichen Anstieg ihrer Armut. China hingegen ist als einziges Land hervorzuheben, wobei man einen Globalisierungseffekt bezogen auf deren Armut, anwenden könnte. Ob anderen Entwicklungsländern, durch die Globalisierung eine Besserung für ihren Armutsbereich bevorsteht, ist eher auszuschließen.

4.1 Ausbeutungsverhältnisse Seitens der westlichen Industriestaaten

Was fällt Ihnen zum Thema Globalisierung ein? Eine Umfrage, auf die ich zu fällig gestoßen bin, nachdem diese These für dieses Kapitel von mir Aufgestellt wurde. Das Ergebnis der Umfrage ist für diesen Teil, von großer Bedeutung (de.statista.com / Globalisierung/Kontinental AG). Befragt wurden 1003 Studenten, ausgewählter Studiengänge, wie von Ingenieurwissenschaften, Wirtschaftswissenschaften, Naturwissenschaften, Mathematik und Informatik. Auf Platz 3 fiel die Aussage; Arm-Reich-Gefälle, Platz 2 mit der Aussage; Benachteiligung der Entwicklungsländer und zuletzt auf Platz 1, mit großem Abstand der meisten Stimmabgaben, die Aussage; Ausbeutung (de.statista.com /Globalisierung /Kontinental AG).

Was genau ist mit Ausbeutung seitens der Westlichen Industriestaaten gemeint ist und warum wird die Globalisierung mit Ausbeutung in Verbindung gebracht. Wobei doch die Globalisierung für das allgemeine Wohlergehen der Menschheit dient oder gilt dies doch nur, für Wirtschaftlich starke Nationen. Ist die Globalisierung vielleicht doch ein

Prozess der Ausbeutungsmaschenerie für schnellen und unkomplizierten Welthandel mit wirtschaftlich benachteiligten Nationen.

Im anschließend letzten Teil dieser Arbeit, widmen wir uns dem Hauptbegriff, der Ausbeutung. Wobei in erster Linie auch zwei auserwählte Grafiken, vorgestellt werden.

4.2 Ausbeutung von westlichen Unternehmen, im Sinne der Produktion

Im Allgemeinen sind Westliche Unternehmen, die auf einer starken Wirtschaft basieren auch in Entwicklungsländern vertreten. Erstens, diese Unternehmen ordern für einen geringen Preis, Fertigprodukte aus Entwicklungsländern an. Dazu werden die Produkte sehr günstig erwirtschaftet und anschließend, für einen sehr hohen Preis, an den Endverbraucher gebracht. Zweitens, auf der anderen Seite dienen Entwicklungsländer für manche Unternehmen als Standort, für geringe Produktionskosten. Gründe dafür sind, geringe Kosten für eine Gründung des Unternehmens mit einbezogen von Baumaterialien, Grundstück wie auch die günstige Beschäftigung von Menschen, die in Armutsverhältnissen Leben. Natürlich geben diese Unternehmen, für gewisse Menschen die in Armutsverhältnissen Leben, eine Möglichkeit zu einem finanziellen Einkommen aber ist dieser Lohn Vergleichsweise mit dem Gewinn das dieses Produkt für das Unternehmen einbringt, kaum zu vergleichen. Niedrige Produktionskosten wie auch niedrige Entlohnung seitens der Beschäftigten, ist die Formel für eine Gewinnmaximierung, die diese Firmen, mit ihren Mitteln kaum in westlichen Staaten herausholen können.

Es ist nicht relevant ob Große Unternehmen, für einen geringen Preis, Produkte ihrer Wahl günstig importieren und auch nicht relevant ist, dass solche Unternehmen in Entwicklungsländern sehr günstig Produzieren, um von dort Ihre Ware ins Heimatland zu Exportieren. Was Relevant ist, dass diese Unternehmen in Bezug auf ihre Arbeiter, kaum höher entlohnt werden, als manch Arbeiter, in einem einheimischen Unternehmen.

Kinderarbeit, schlechte Arbeitsbedingungen und Gewaltumstände, die ausführlich in den vergangen Kapiteln angesprochen wurden, können für diese Unternehmen nicht ausgeschlossen werden. Jedoch zusammengefasst kann man sagen, dass Westliche Unternehmen, die einen Aufenthalt in Entwicklungsländern anstreben, sich in erster Linie auf einer Gewinnbasierenden Mission befinden, indem die gegenwärtige Lebenssituation der Einheimischen, außer Acht gelassen wird.

Zunächst werden zwei Grafiken vorgestellt. Die erste Grafik, zeigt den Verlauf der Importe Deutschlands von 1995-2009, aus Entwicklungsländern an. Auf der anderen Seite zeigt die zweite Grafik, die Finanziellen Ausgaben für Entwicklungshilfe von 2003-2008 an.

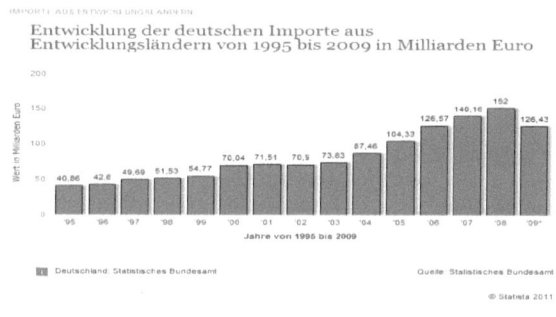

Statistik   1

(de.statista.com/Entwicklungsländer)

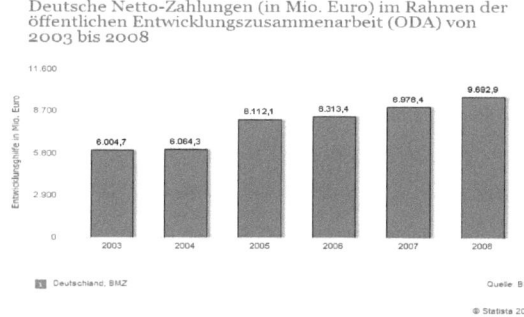

Statistik   2

(de.statista.com/Entwicklungsländer)

zur Statistik 1

Auf der Y-Achse wird der Finanzielle Wert, in Milliarden Euro angezeigt. Auf der X-Achse wird das jeweilige Jahr angezeigt.

Die Höchsten Importausgaben aus Entwicklungsländern, betrugen im Jahr 2008 rund 152 Milliarden Euro.

zur Statistik 2

Auf der Y-Achse wird der der Betrag für die jeweilige Finanzhilfe für Entwicklungsländer, in Millionen Euro angezeigt. Auf der X-Achse wird das jeweilige Jahr angezeigt.

Die Höchste Finanzielle Unterstützung für Entwicklungsländer, beträgt im Jahr 2008 einem Wert, von rund 9,7 Millionen Euro.

4.3 vergleich Statistik 1 vs. Statistik 2

Vergleich man diese zwei Grafiken, ist zu erkennen, dass die Summe der Ausgaben, für Importe aus Entwicklungsländern 2008, 152 Milliarden Euro beträgt. Im Gegensatz, fällt die Summe für Entwicklungshilfen 2008 mit ca. 9,7 Millionen Euro, sehr bedürftig aus.

Außerdem zeigt der Verlauf, dass die Ausgaben für die Entwicklungshilfe von Beginn des Jahres 2003 mit ca. 6 Millionen Euro auf ca. 9,7 Millionen Euro im Jahr 2008 gestiegen sind. Wir reden hier von einem gesamten Anstieg von fast 4 Millionen Euro, im Zeitraum von 2003–2008. Auf der anderen Seite zeigt der Verlauf der Importausgaben aus Entwicklungsländern im Jahr 2003 einen Wert von ca. 73,8 Milliarden Euro an. In den folgenden Jahren steigt der Wert der Ausgaben extrem hoch an, wobei er im Jahr 2008 mit 152 Milliarden Euro seinen Höchststand erreicht. Das Jahr 2009 verzeichnet einen Rückgang der Importausgaben, dieser mit ca. 126 Milliarden Euro fast auf den gleichen Stand wie 2006 zurückfällt. Im Gesamten Jahresrückblick von 1995 bis 2009 hat sich die Summe der Importausgaben

Deutschlands, aus Entwicklungsländern von 1995 mit ca. 40,8 Milliarden auf das Jahr 2009 mit ca. 126 Milliarden, verdreifacht.

Ob ein Ausbeutungsverhältnis entsteht, wird man sicherlich in diesem Fall nicht bewerten, doch es entsteht eine deutliche Ungleichheit, zwischen dem erwirtschafteten aus Entwicklungsländern und den Ausgaben für die Entwicklungshilfe. Ein Ausbeutungsverhältnis seitens der Westlichen Unternehmen besteht.

Ausbeutung hin oder her, ein großer Vorteil, für stark benachteiligte Entwicklungsländer, entsteht sicherlich nicht für ihre Verhältnisse. Jedoch Westliche Investitionen werden in diesem Sinne doppelt und dreifach belohnt.

5. Fazit

Inwiefern hat die Globalisierung nun Einfluss auf die Globale Armut und besteht seitens der Westlichen Industriestaaten ein Ausbeutungsverhältnis in Bezug auf die Entwicklungsländer.

Im Laufe dieser Arbeit wurden diese Fragen schon Teilweise beantwortet. Im Kapitel 4 wurde in diesem Zusammenhang, von Armut und Globalisierung Stellung bezogen wie auch, ob ein Ausbeutungsverhältnis, seitens Westlicher Industriestaaten entsteht (Kapitel 4.1/4.2/4.3 letzter Absatz).

Die Globalisierung ist im Gange, doch die Armut wächst weiter an und die damit verbundene Ungleichheit steigt, gesehen am Vergleich des Bruttoinlandsprodukts (BIP) (Kapitel 2). Die Auswirkung der Globalisierung auf die Globale Armut zeigt in diesem Bezug keine Verbesserung an, sondern die Lage der Armutsverhältnisse von den meisten Entwicklungsländer zeigt eine wesentliche Verschlechterung , obwohl die Globale Armut insgesamt abgenommen hat(Kapitel 2.2 /Tabelle). Gründe dafür sind unteranderem die internen Politikmaßnahmen und eine schlechte Wirtschaftslage, von der die meisten Entwicklungsländer betroffen sind. China hat es als einzige Region, erfolgreich geschafft, bei einer Armutsgrenze von 1,25US Dollar und 2US-Dollar, die Armut im eigenen Land zu reduzieren(Kapitel 2.2 Absatz 1). Ob anderen

Entwicklungsländern, durch die Globalisierung eine Besserung für ihren Armutsbereich bevorsteht, ist eher auszuschließen (Kapitel 4/letzter Absatz).

Bei dem Ausbeutungsschema muss darauf geachtet werden, dass nicht alle, sondern die meisten westlichen Unternehmen Entwicklungsländer bevorzugen um höhere Einnahmen, durch günstige Produktionsmaßnahmen zu erhalten (Kapitel 4.1/4.2/4.3 letzter Absatz). Man wird in diesem Falle nicht davon abweichen, dass durch westliche Unternehmen ein Ausbeutungsverhältnis entsteht. Doch anstatt es auf der einen Seite, den Wirtschaftlich starken Unternehmen unterstellt wird, dass ein Ausbeutungsverhältnis entsteht, wurde auf gleicher Ebene untersucht, inwiefern die Einheimische Arbeiter in diesen Unternehmen profitieren (Kapitel 4.1). Wesentlich gibt es keinen höheren Lohn im Vergleich zu Einheimischen Unternehmen. Kinderarbeit, schlechte Arbeitsbedingungen und Gewaltumstände, die ausführlich in den vergangen Kapiteln angesprochen wurden, können für diese Unternehmen nicht ausgeschlossen werden (Kapitel 4.2/ Absatz 2).

Die Hauptfragen dieser Arbeit wurden zum Ende hin, noch einmal vorgetragen und anschließend wurden nochmals, die Ergebnisse dieser Arbeit, vorgestellt.

In erster Linie, war es mir wichtig, dem Leser eine Umfangreiche und Interessante Arbeit vorzustellen. Darüber hinaus gab es sicherlich, einige Bereiche, die uns eine ganz andere Welt präsentierten, im Gegensatz zu dem, wie wir uns eine Welt vorstellen. Diese Arbeit, sollte nicht nur aus Informationen und Fakten bestehen, sondern gleichzeitig sollte dem Leser indirekt vermittelt werden, sich seiner Lebenslage bewusst zu werden und diese zu schätzen.

Quellenverzeichnis

Kapitel 1.1

Modernisierungstheorie, Nina Degle & Christian Dries 2005, S.183 Absatz 1.

Kapitel 1.2

Kfw, Entwicklungsbank, Globale Armut, Dr. Philipp Lepenies / www.kfw-entwicklungsbank.de

Kapitel 2

UNDP, Statistischer Anhang S.263, deutsche Ausgabe 2010

The World Bank, World Development Indicators 2008

Kapitel 2.1/2.2

The World Bank, World Development Indicators 2008

Kapitel 3.1/3.2

Herausgeber: Internationaler Bund freier Gewerkschaften(pdf-Datei)

Keine Zeit zum spielen, IAO, Internationale Arbeitsorganisation/S-8/S-15/Kapitel Indien S-15

Kapitel 4.1

de.statista.com /Globalisierung /Kontinental AG/ Statistik

Kapitel 4.2

de.statista.com/Entwicklungsländer/ Statistik /Importeinnahmen Deutschlands

de.statista.com/Entwicklungsländer/Statistik/ Ausgaben für Entwicklungshilfe

Anhang

2 Statistiken wie am Ende des Kapitels von 2.2 angesprochen

The World Bank, World Development Indicators 2008 als (pdf) Datei

Anhang

Armut

Personen mit weniger als 1,25 US-Dollar pro Tag, in absoluten Zahlen, 1981 bis 2005

	Personen in Haushalten mit einem Einkommen von unter 1,25 US-Dollar (Kaufkraft) pro Tag und Kopf, in Mio.								
	1981	1984	1987	1990	1993	1996	1999	2002	2005
ökonomisch sich entwickelnde Staaten	1.900	1.814	1.723	1.818	1.799	1.658	1.698	1.601	1.374
davon:									
Südasien	548	548	569	579	559	594	589	616	596
darunter: Indien	420	416	428	435	444	442	447	460	456
Ostasien und Pazifik	1.071	947	822	873	845	622	635	507	316
darunter: China	835	720	586	683	633	443	447	363	208
subsaharisches Afrika	212	242	258	298	317	356	383	390	388
Lateinamerika und Karibik	47	59	57	50	47	53	55	57	45
Mittlerer Osten und Nordafrika	14	12	12	10	10	11	12	10	11
Europa und Zentralasien	7	6	5	9	20	22	24	22	17
ökonomisch sich entwickelnde Staaten ohne China	1.065	1.094	1.137	1.135	1.166	1.215	1.251	1.238	1.166

Quelle: © The World Bank: World Development Indicators 2008, Poverty data

Armut

Personen mit weniger als 2 US-Dollar pro Tag, in absoluten Zahlen, 1981 bis 2005

	Personen in Haushalten mit einem Einkommen von unter 2 US-Dollar (Kaufkraft) pro Tag und Kopf, in Mio.								
	1981	1984	1987	1990	1993	1996	1999	2002	2005
ökonomisch sich entwickelnde Staaten	2.542	2.625	2.646	2.765	2.828	2.803	2.875	2.795	2.564
davon:									
Südasien	799	836	881	926	950	1.009	1.031	1.084	1.092
darunter: Indien	609	638	669	702	735	757	783	813	828
Ostasien und Pazifik	1.278	1.280	1.238	1.274	1.262	1.108	1.105	954	729
darunter: China	972	963	907	961	926	792	770	655	474
subsaharisches Afrika	294	328	351	393	423	471	509	536	556
Lateinamerika und Karibik	90	110	103	96	96	107	111	114	94
Mittlerer Osten und Nordafrika	46	44	47	44	48	52	52	51	51
Europa und Zentralasien	35	28	25	32	49	56	68	57	42
ökonomisch sich entwickelnde Staaten ohne China	1.570	1.662	1.739	1.804	1.902	2.011	2.105	2.140	2.090

Quelle: © The World Bank: World Development Indicators 2008, Poverty data

BEI GRIN MACHT SICH IHR WISSEN BEZAHLT

- Wir veröffentlichen Ihre Hausarbeit,
  Bachelor- und Masterarbeit

- Ihr eigenes eBook und Buch -
  weltweit in allen wichtigen Shops

- Verdienen Sie an jedem Verkauf

Jetzt bei www.GRIN.com hochladen und kostenlos publizieren